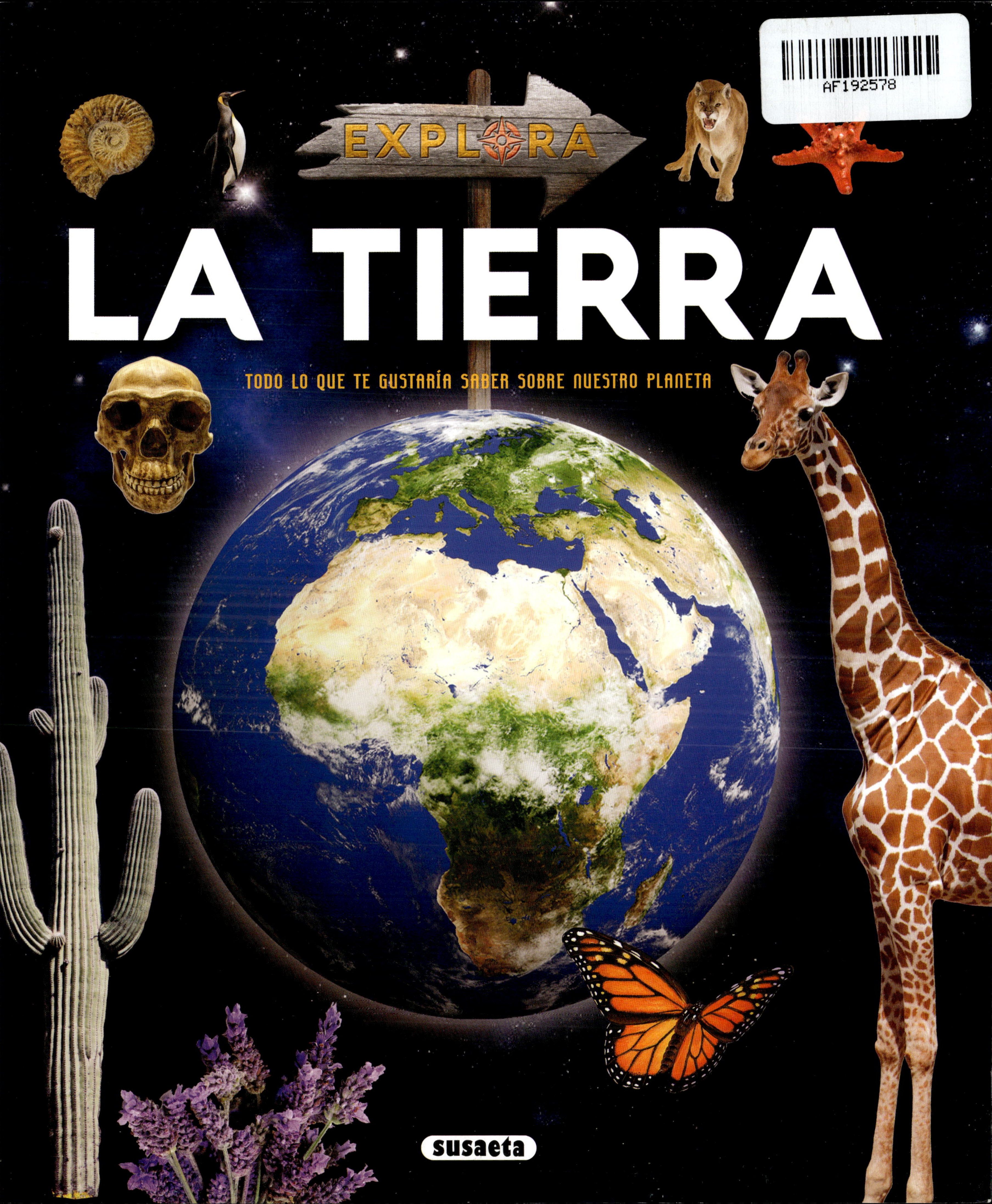

EXPLORA
LA TIERRA
TODO LO QUE TE GUSTARÍA SABER SOBRE NUESTRO PLANETA
susaeta

Dirección editorial: Isabel Ortiz
Realización editorial: Arga Ediciones
Texto: Jorge Montoro
Créditos fotográficos: Thinkstock, NASA
y Arga Ediciones
Maquetación: Ilune
Corrección: Isabel López
Preimpresión: José de Haro

© Susaeta Ediciones S. A.
Campezo, 13 - 28022 Madrid
Tel: 91 3009100 - Fax: 91 3009110
www.susaeta.com

ÍNDICE

UN PLANETA JOVEN

La Tierra es nuestra casa, el planeta donde habitamos y el único del sistema solar en el que hasta ahora se conoce la existencia de vida. Comenzó a formarse hace unos 4.500 millones de años, un tiempo relativamente pequeño si se compara con la edad de nuestra galaxia, la Vía Láctea, que tiene 13.200 millones de años.

LA «GRAN EXPLOSIÓN» ⏶

Así se llama en astronomía al momento en el que la materia, que hasta entonces había estado concentrada en un punto, «explotó» y se expandió en todas direcciones dando origen al universo. En realidad, no hubo una explosión, pero el efecto fue similar a cuando algo estalla y su contenido se dispersa.

NUESTRA GALAXIA ⏶

La Tierra y el sistema solar se sitúan en una de las millones de galaxias del universo, la conocida como Vía Láctea. Tiene forma de un gran remolino plano con el centro muy brillante y gira en espiral; nosotros nos hallamos cerca de uno de los bordes de ese remolino.

EL SISTEMA SOLAR ⏷

Es el conjunto formado por el Sol y los cuerpos celestes que giran a su alrededor, que incluyen los ocho planetas mayores con sus satélites, los planetas menores, los asteroides, los cometas y el polvo y el gas interestelares. La Tierra es el planeta más denso y el quinto mayor de los ocho que forman el sistema.

Una Tierra aún activa...

Fenómenos como los volcanes y los géiseres, que expulsan al exterior lava fundida o agua caliente, nos hablan de que en el interior de la Tierra la temperatura aún es muy elevada y la actividad geológica no se ha «dormido».

... Y en transformación

Sin embargo, nuestro planeta no permanece activo solo en su interior; también su superficie se encuentra sometida a un constante cambio debido a fenómenos como la erosión y la sedimentación, que transforman el paisaje.

APARICIÓN DE LA VIDA

La vida surgió en la Tierra hace unos 4.000 millones de años, aunque el cálculo de cuándo comenzó es bastante especulativo. Generada por la energía química de la joven Tierra, surgió una molécula (o varias) que poseía la capacidad de hacer copias similares a sí misma (el «primer replicador»). La naturaleza de esta molécula se desconoce. Esta ha sido reemplazada en funciones, a lo largo del tiempo, por el actual replicador: el ADN.

ESTROMATOLITOS

Son rocas laminadas que se originan por la actividad de microorganismos acuáticos, generalmente cianobacterias (bacterias azuladas), que inducen la formación y cristalización del carbonato cálcico que forma la roca. Por tanto, la aparición de este tipo de rocas implica la existencia de vida. Los estromatolitos fósiles más antiguos que se conocen tienen unos 3.500 años y son una de las primeras evidencias de la existencia de vida en nuestro planeta.

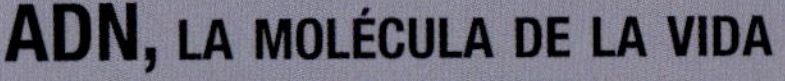

ADN, LA MOLÉCULA DE LA VIDA

El ácido desoxirribonucleico, abreviado como ADN, contiene las instrucciones genéticas usadas en el desarrollo y funcionamiento de todos los organismos vivos conocidos y es el responsable de su transmisión hereditaria. El papel principal de la molécula de ADN es el almacenamiento a largo plazo de información. Los segmentos de ADN que llevan esta información genética son llamados genes. La molécula de ADN está formada por azúcar, fosfato y cuatro elementos, llamados bases, que reciben los nombres de adenina (A), timina (T), citosina (C) y guanina (G). Todos estos elementos forman una larga cadena en forma de doble hélice que se pliega sobre sí misma y se emparejan con la misma cadencia: A con T y C con G.

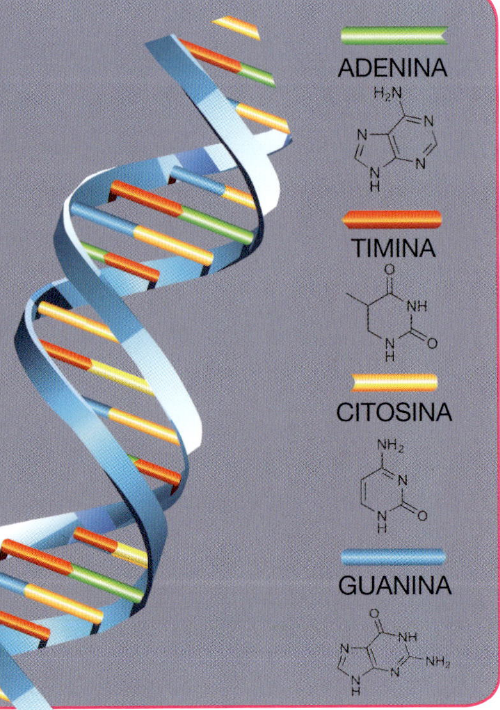

Los ammonites experimentaron distintos cambios reconocibles fácilmente a lo largo del tiempo, por lo cual son muy útiles como indicadores de la edad de los hábitats marinos. La comparación de los tipos fósiles de ammonites en las distintas capas de rocas indica la edad relativa de estas.

AMMONITES, TESTIGOS DEL PASADO ⏪

La abundancia y amplia distribución de los ammonites
en los mares de la era mesozoica, especialmente del
Jurásico al Cretácico, hace que se los utilice
como fósiles guía para datar con precisión
las rocas en las que aparecen.

*El animal añadía
compartimentos a su concha según
iba creciendo y vivía solamente
en la más cercana a la abertura.*

*Algunos ejemplares fósiles
tienen un diámetro
de 2 metros.*

*Los ammonites se
desplazaban por propulsión a
chorro, expulsando agua a través de
un embudo de apertura para propulsarse
en la dirección opuesta. El animal podía
moverse hacia arriba y hacia abajo
bombeando el agua hacia dentro o fuera de
sus cámaras.*

*En Inglaterra, durante
la Edad Media, existía
la superstición de que
los ammonites eran
serpientes enrolladas y
convertidas en piedra por
la intervención de una
santa llamada Hilda
de Whitby.*

TRILOBITES ⏩

Este grupo de artrópodos apareció a principios de la
era paleozoica y se extinguió a finales de esa misma era,
permaneciendo en nuestro planeta durante el tiempo récord
de 300 millones de años. Esta larga permanencia en la
Tierra y su abundancia y amplia distribución por los mares
paleozoicos hacen de los trilobites unos magníficos fósiles
guía para los estratos de esa época.

LA VIDA SURGIÓ EN EL MAR ⏫

La mayoría de los científicos aceptan la teoría
sobre la aparición de la vida en la Tierra que
el biólogo y bioquímico ruso Alexander
Oparin propuso en 1922. Según su hipótesis,
las primeras formas de vida habrían surgido
en las aguas de un antiguo mar muy cálido
y sin oxígeno. En esas condiciones y con la
ayuda de las grandes descargas eléctricas que
se producían en la atmósfera de esa época,
se pudieron formar las primeras moléculas
orgánicas. Estas moléculas eran muy simples
y se habrían combinado al azar unas con otras
hasta producir el primer rudimento de ADN.

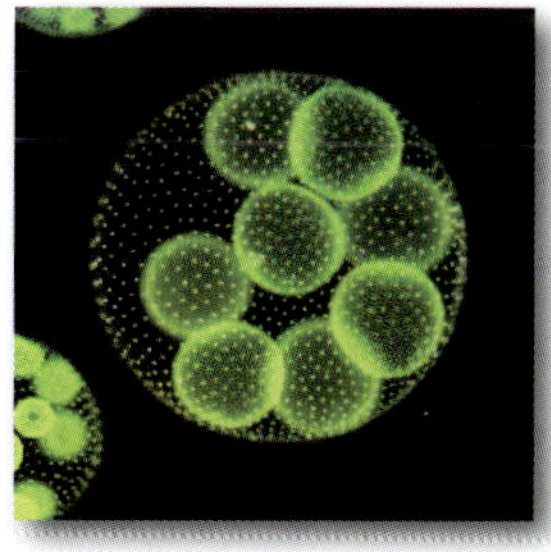

*Las primeras plantas
pluricelulares surgieron,
probablemente, de las
algas verdes y casi con
seguridad fueron muy
similares al* Volvox *que
aparece en la ilustración.*

LA EVOLUCIÓN

La evolución explica cómo desde las primeras moléculas de vida que surgieron en la Tierra se ha podido llegar a la gran diversidad biológica que conocemos. La base hay que buscarla en la información genética que se transmite de padres a hijos, en las variaciones producidas por la adaptación al medio y en la supervivencia de los más aptos.

VARIABILIDAD GENÉTICA ⊼

Cuando los leones machos alcanzan la madurez sexual, abandonan el grupo en el que nacieron y se establecen en otra manada para aparearse, lo que asegura el intercambio de genes entre poblaciones y favorece la variabilidad genética.

CABALLERO DE LAMARCK ⊛

La primera teoría sobre la evolución fue formulada y publicada en 1809 por el naturalista francés Jean Baptiste Lamarck. Afirmaba que los seres vivos evolucionaban por un deseo o necesidad de adaptarse al medio; así, cuando las condiciones ambientales se modificaban, los seres vivos desarrollaban características que les ayudaban a vivir mejor y que se transmitían a los descendientes, apareciendo nuevas especies. Según él, la jirafa tenía un cuello así de largo porque lo habría necesitado para llegar a las ramas más altas.

EVOLUCIÓN DEL CABALLO ⊗

Uno de los mejores ejemplos de evolución adaptativa puede verse en la pata del caballo, en la que las cinco series de huesos que formaban los dedos en su antecesor, que era un pequeño mamífero herbívoro que vivió hace más de 50 millones de años en América del Norte, se han reducido hasta quedar convertidas en una sola estructura, muy gruesa y resistente, capaz de soportar el peso del animal durante la carrera.

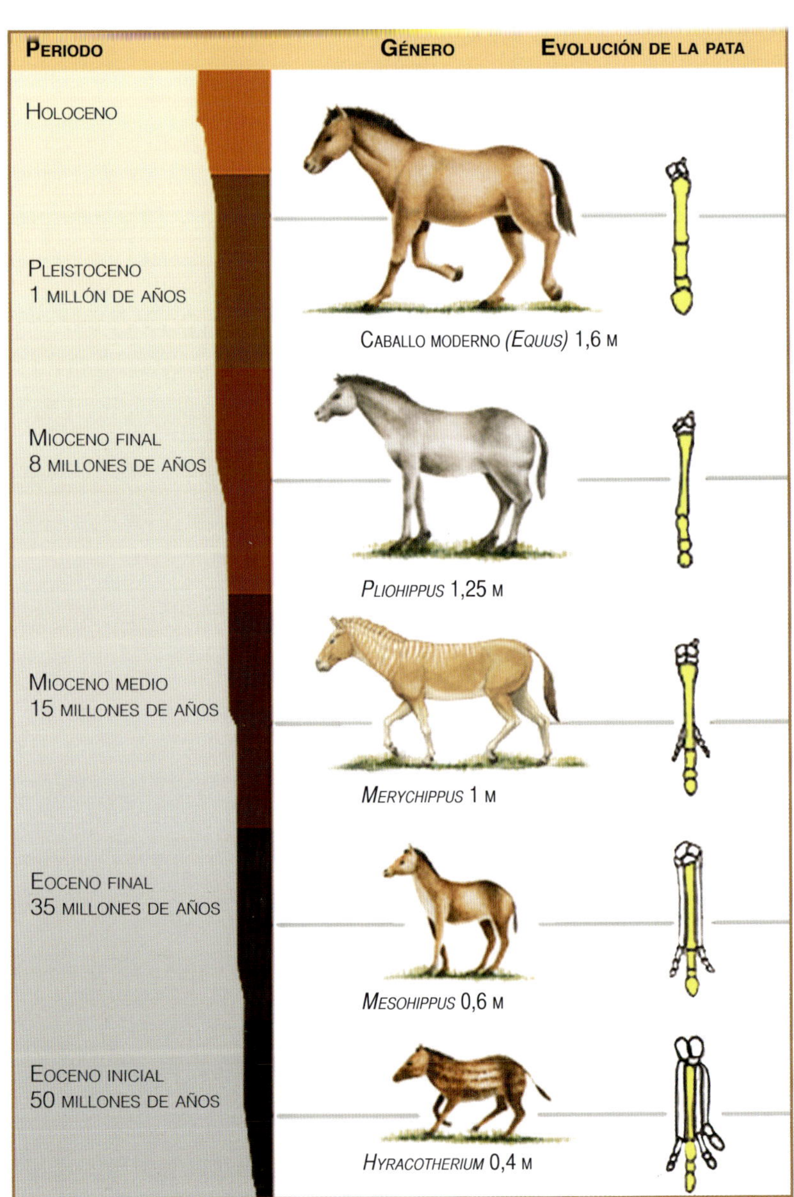

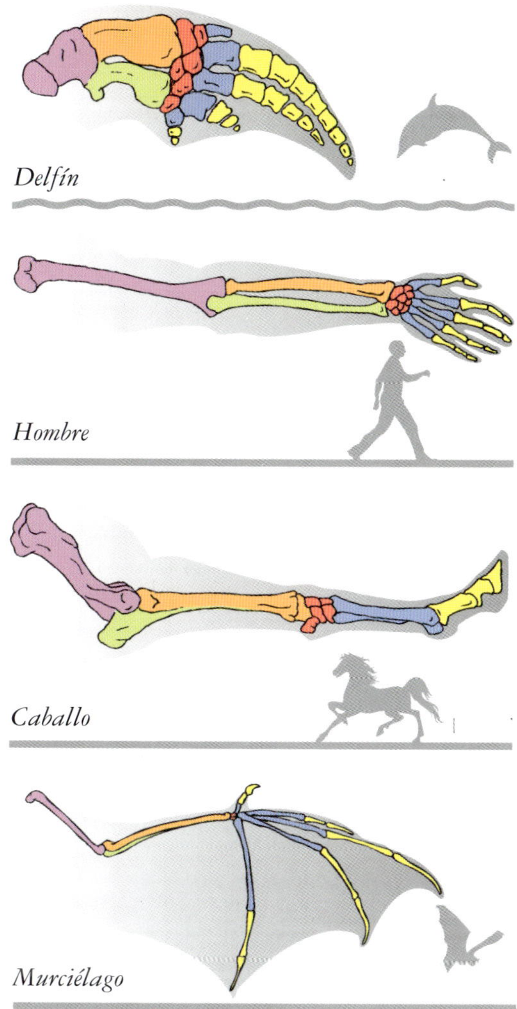

Delfín

Hombre

Caballo

Murciélago

ADAPTACIÓN AL MEDIO ⊗

La adaptación es el proceso mediante el cual una población se adecua mejor a su hábitat gracias a cambios en su anatomía o fisiología. El proceso tiene lugar durante muchas generaciones y se produce por selección natural, es decir, si el cambio es beneficioso para la especie este se mantiene y, si no, desaparece. Un buen ejemplo de adaptación al medio son los huesos homólogos. El mismo conjunto de huesos le sirve a un delfín para nadar más rápido, al hombre para caminar, al caballo para correr y al murciélago para volar.

Falena mutante

Falena normal

DARWIN, EL *BEAGLE* Y LAS GALÁPAGOS

En 1831, el bergantín *Beagle* partió en un largo viaje de exploración por el mundo que duró cinco años. A bordo, como naturalista, iba Charles Darwin. El joven, que por entonces tenía 22 años, no podía imaginar que las observaciones realizadas durante el viaje, especialmente en las islas Galápagos, inspirarían su teoría sobre la evolución. En las Galápagos comprobó que las aves de un mismo género poseían características diferentes según la isla del archipiélago en la que habitaran. Este hecho, unido a otras muchas observaciones, llevó a Darwin a defender que las especies están en continua evolución y que son la selección natural, la herencia y el medio los que producen nuevas formas a partir de antepasados comunes.

MUTACIONES ⊗

La mutación es una alteración repentina y heredable en la información genética de un ser vivo y que, por lo tanto, va a producir un cambio de características de este. Una mutación en la coloración de la mariposa falena del abedul (*Biston betularia*), que habitualmente era blanquecina, transformó algunos ejemplares en negruzcos, lo que permitió que, cuando los abedules se ennegrecieron por la contaminación de las fábricas, los ejemplares melánicos (negros) fueran menos distinguibles para los pájaros y transmitiesen una ventaja evolutiva a sus descendientes.

ADIÓS A LOS DINOSAURIOS

Coincidiendo con el inicio de la era mesozoica o secundaria, comenzó el desarrollo de un nuevo grupo de reptiles, los dinosaurios, que durante 180 millones de años fueron los reyes de la Tierra. La clave de su éxito fue la diversificación, que les permitió ocupar todos los ambientes. El final de la era también marcó la extinción de este sorprendente y fascinante grupo de animales.

ICNITAS ❯❯

Se da este nombre al rastro de huellas fosilizadas que deja un animal al desplazarse. Las huellas de dinosaurios quedaron marcadas en zonas húmedas o pantanosas y con el tiempo se secaron, quedaron cubiertas por sedimentos y comenzó el proceso de fosilización.

GRANDES CUERPOS Y PEQUEÑOS CEREBROS ☞ ❯

Como todos los reptiles, los dinosaurios tenían un cerebro de pequeñas proporciones, sobre todo si se compara con el tamaño del cuerpo del animal. Por ejemplo, el diplodocus medía unos 27 m de largo, pero su cerebro apenas alcanzaba los 7 cm. Este ahorro en peso podría haber ayudado a los dinosaurios a moverse más ágilmente, desarrollar una mayor musculatura en las mandíbulas e incluso devorar presas más grandes.

Un meteorito tuvo la culpa

Los dinosaurios se extinguieron a finales del Cretácico, hace unos 65 millones de años, y su desaparición fue tan drástica y repentina que resulta difícil encontrar la causa. Una de las teorías más aceptadas apunta a que el culpable fue un meteorito. Este, al impactar sobre la Tierra, levantó grandes cantidades de polvo y vapor de agua que quedaron suspendidas en la atmósfera impidiendo la llegada de la luz solar. Y sin sol, las condiciones ambientales cambiaron de forma dramática.

... Y los mamíferos ocuparon el hueco

En el proceso evolutivo de los seres vivos siempre existe un grupo que se beneficia. Y el que se llevó la mejor parte con la desaparición de los dinosaurios fue el de los mamíferos, que ya existían pero que, con la ausencia de esos gigantes reptiles competidores, pudieron desarrollarse y ocupar los ambientes terrestres y marinos. Además, contaban con una importante ventaja para la supervivencia: el desarrollo de las crías dentro del útero materno.

Muy probablemente el polvo producido por el impacto del meteorito, unido al humo y las cenizas surgidos de los incendios posteriores, creó una gruesa capa que redujo la radiación solar y trajo un periodo extremadamente frío al que los dinosaurios, al ser de sangre fría, no pudieron adaptarse.

... Y LLEGAMOS NOSOTROS

En muchos aspectos, la especie humana es única si se la compara con otras especies animales. Con todo, en lo que coincide con ellas es en el mecanismo de los procesos evolutivos, que —en este caso a partir de unos primeros homínidos emparentados con los primates y después de varias especies del género *Homo* que alcanzaron diferentes niveles de desarrollo— ha llevado a la aparición y supremacía de una sola: el hombre actual, *Homo sapiens*.

ATAPUERCA, MUSEO DE LA EVOLUCIÓN HUMANA

La extraordinaria importancia de los restos hallados en el yacimiento de la sierra de Atapuerca (Burgos) ha llevado a distinguirla con el título de Patrimonio de la Humanidad. Y es que a través de fósiles y restos se puede documentar la historia de la llegada de los primeros homínidos a Europa hace más de un millón de años y su posterior evolución. Se ha detectado la presencia de cinco especies: *Homo sp.* (aún por determinar), *H. antecessor*, *H. heidelbergensis*, *H. neanderthalensis* y *H. sapiens*.

CRÁNEOS CON MUCHA HISTORIA

A través del estudio de los cráneos se pueden observar los cambios evolutivos producidos en las sucesivas especies de *Homo:* aumento de la capacidad craneana para poder albergar un cerebro más grande y complejo, disminución de la robustez del cráneo y de los huesos que rodean los ojos, progresiva recesión de la cara hacia una estructura más «plana» y modificación y reducción de la dentadura.

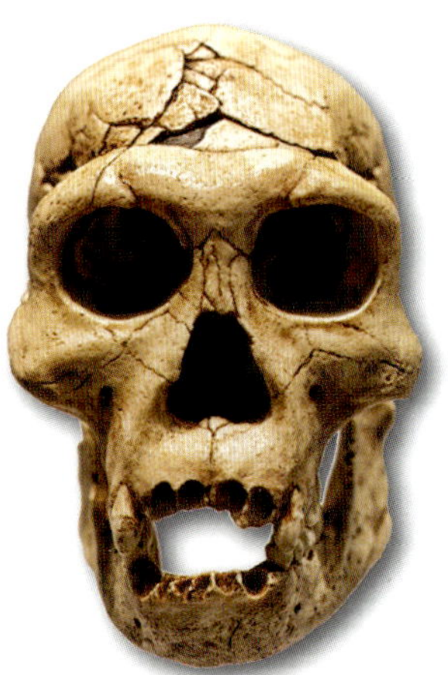

Homo erectus

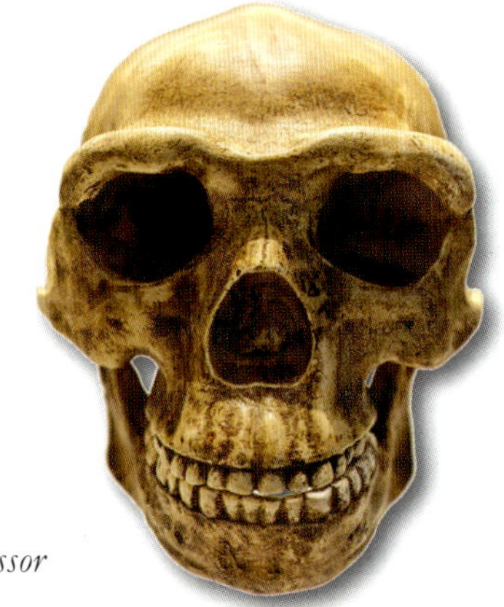

Homo antecessor

Homo neardenthalensis

Homo sapiens

Descubrimiento del fuego y culto a los muertos ⏫ ⏬

El uso controlado del fuego fue, probablemente, una invención de nuestro antepasado *Homo erectus* durante el Paleolítico Inferior. La evidencia más temprana de incendios asociada a los seres humanos proviene de la garganta de Olduvai (izquierda) en la región del lago Turkana, en Kenia. El yacimiento de Koobi Fora (1,6 millones de años) contenía rodales de tierra quemada con una profundidad de varios centímetros, que algunos estudiosos interpretan como una evidencia de que fueron realizados para controlar y mantener el fuego.

Por otra parte los hallazgos realizados en la Sima de los Huesos, en la sierra de Atapuerca, confirman que los homínidos que habitaron en esta zona de la provincia de Burgos hace 300.000 años realizaban «de forma consciente y con un comportamiento ritual y simbólico» los enterramientos de sus congéneres.

CINCO OCÉANOS

Los océanos son las grandes masas de agua que separan los continentes y su importancia en nuestro planeta puede entenderse bien si se tiene en cuenta que cubren siete de cada diez partes de la superficie de la Tierra y contienen el 97,4 % del agua líquida total. Los océanos absorben y reflejan gran cantidad de energía, lo que provoca cambios en la temperatura del agua y debido a ellos se producen movimientos internos, como son las corrientes marinas, las olas y las mareas. Su funcionamiento es vital para determinar el clima.

OCÉANOS EN EXPANSIÓN

En la parte central del fondo de los océanos se forman unas elevaciones, las dorsales oceánicas, debidas al magma del interior de la Tierra. Con el tiempo, en un proceso lento que puede durar millones de años, el fondo del océano va expandiéndose y los continentes que hay a ambos lados del océano se alejan cada vez más. La mayor dorsal oceánica se encuentra en el fondo del Atlántico. Es una gran cordillera volcánica submarina, la cadena montañosa más larga del planeta, que separa cuatro placas tectónicas y que en algunos lugares emerge en islas, como Islandia.

Océano Atlántico
Es el segundo océano más extenso del mundo, con una superficie de 82.400.000 km² y una profundidad máxima de 9.200 m, y también el más joven (unos 200 millones de años). Posee una abundante fauna, con algunos de los bancos de pesca más productivos del mundo; además, es rico en recursos minerales y combustibles fósiles.

Océano Pacífico
Este inmenso océano de casi 166 millones de km² ocupa la tercera parte de la Tierra y su anchura llega casi a la mitad de la circunferencia del planeta (19.800 km). Contiene el 46 % de los recursos de agua terrestres y en él se sitúa la zona más profunda del planeta, la fosa de las Marianas (10.911 m).

Océano Glacial Ártico

Es el más pequeño (unos 14 millones de km²) y menos profundo de los océanos. Durante la mayor parte del año sus aguas permanecen protegidas bajo una capa de hielo.

Océano Índico

Es el tercer océano en cuanto a extensión (casi 74 millones de km²) y el más cálido. En él se localizan los mejores fondos de coral del mundo.

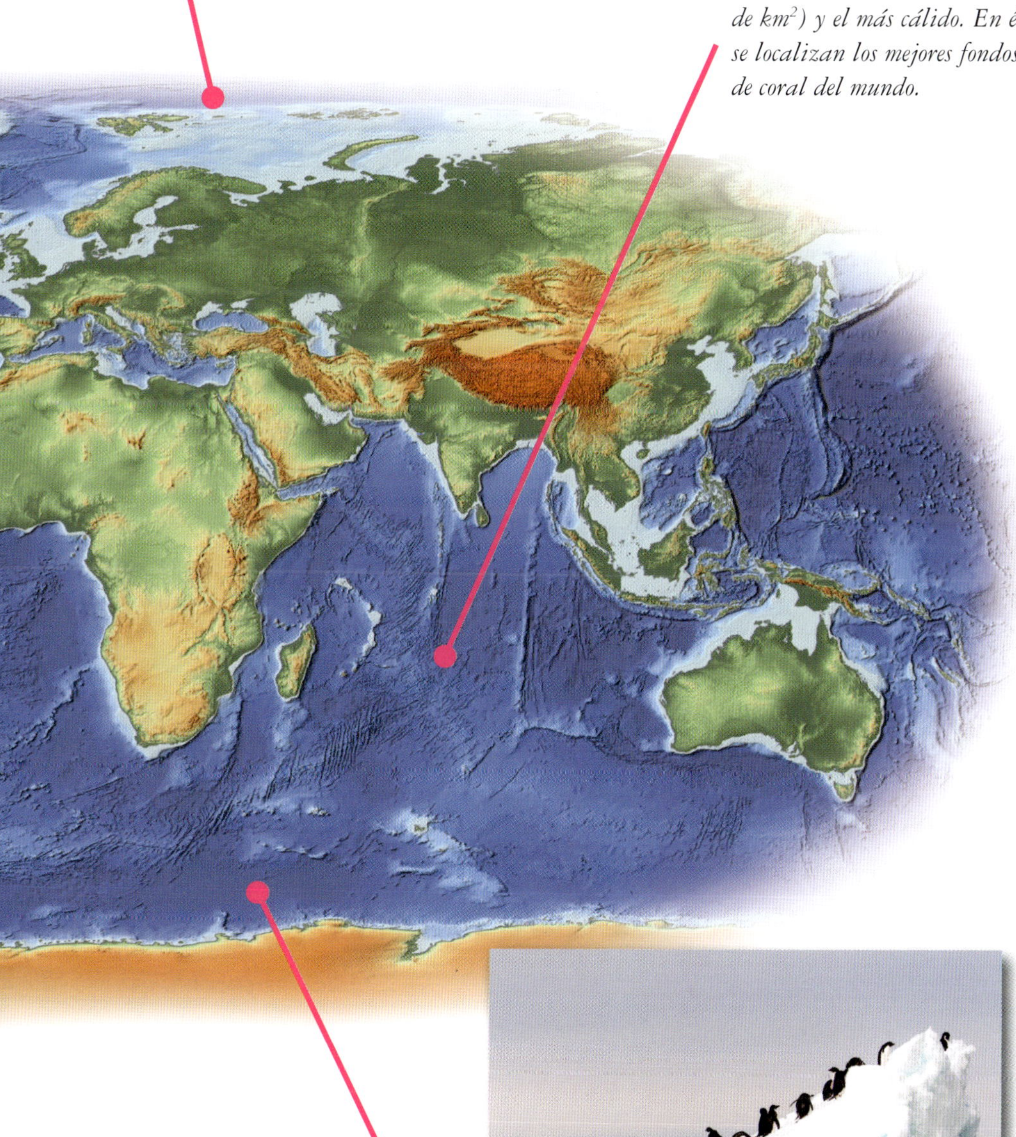

Océano Glacial Antártico

Es el cuarto en extensión (algo más de 20 millones de km²) y el único que rodea por completo el globo terrestre. Sus aguas son menos saladas y más frías que las del resto de los océanos.

MAR DE TETIS

Durante la era mesozoica o Secundaria existió un océano bautizado como mar de Tetis, entre los antiguos continentes de Gondwana y Laurasia. Los movimientos de estas placas continentales fueron cerrando poco a poco el mar de Tetis, dando lugar a los mares Mediterráneo, Caspio, Negro y Aral.

... Y SEIS CONTINENTES

Los continentes son las grandes extensiones de tierra que hay en la superficie terrestre, incluyendo también las islas que están vinculadas a las placas continentales. Para hacer esta división no solo se tienen en cuenta aspectos geográficos, sino también factores históricos y culturales; es el motivo de que Europa y Asia se consideren continentes distintos, aunque forman una misma masa de tierra.

América

Es la segunda masa de tierra más grande del planeta, que abarca desde el océano Glacial Ártico hasta el paso que separa al continente de la Antártida. Se subdivide en tres subcontinentes: América del Norte, América Central y América del Sur. Dada su gran extensión, tiene todos los tipos de climas.

Antártida

Este continente alberga el Polo Sur y es el más seco y frío del planeta. Ocupa el cuarto puesto en cuanto a extensión y el último en densidad de población. En realidad, es una gigantesca masa de hielo y solo un 2 % de su superficie queda libre de nieve durante el verano.

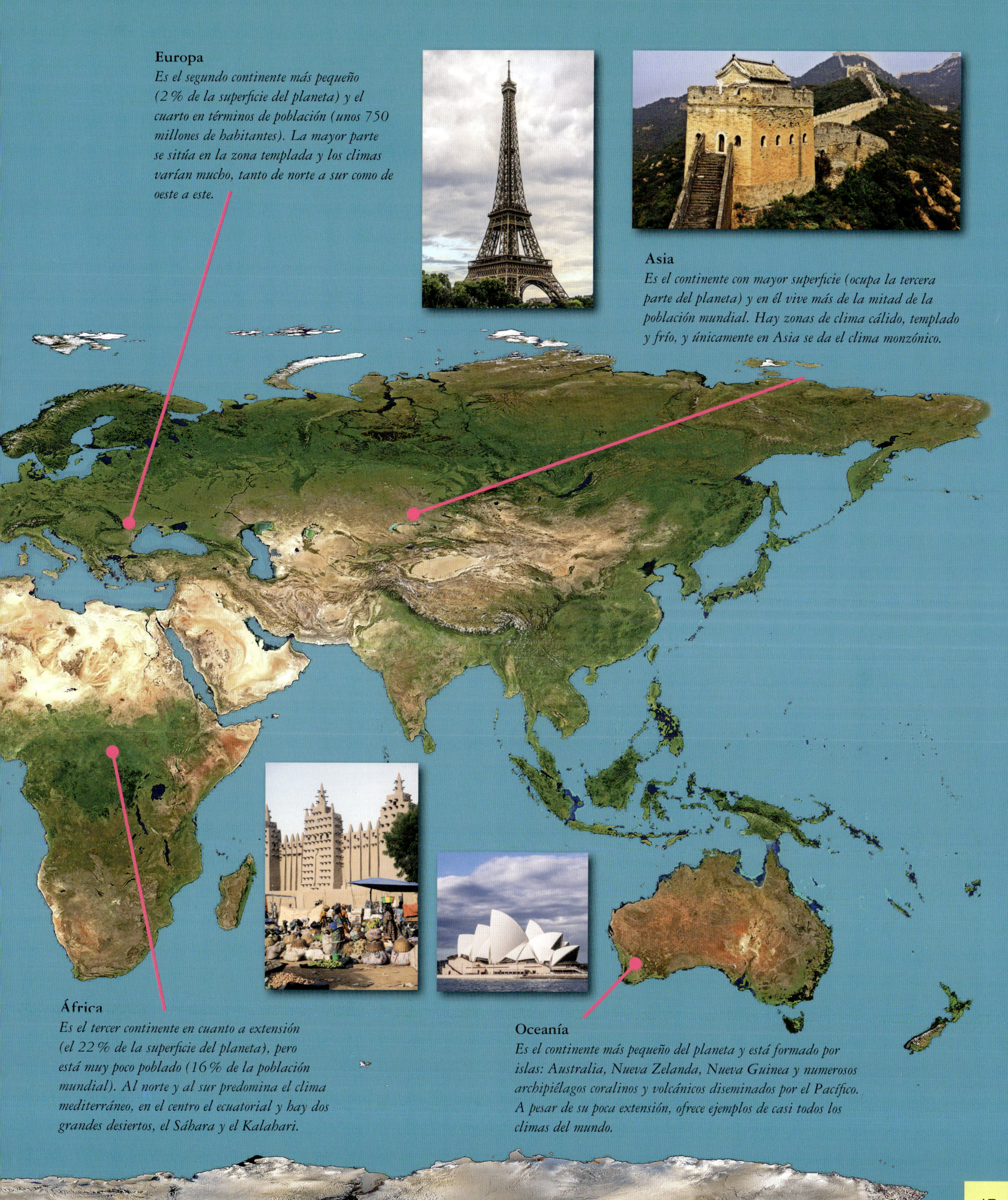

Europa
Es el segundo continente más pequeño
(2 % de la superficie del planeta) y el
cuarto en términos de población (unos 750
millones de habitantes). La mayor parte
se sitúa en la zona templada y los climas
varían mucho, tanto de norte a sur como de
oeste a este.

Asia
Es el continente con mayor superficie (ocupa la tercera
parte del planeta) y en él vive más de la mitad de la
población mundial. Hay zonas de clima cálido, templado
y frío, y únicamente en Asia se da el clima monzónico.

África
Es el tercer continente en cuanto a extensión
(el 22 % de la superficie del planeta), pero
está muy poco poblado (16 % de la población
mundial). Al norte y al sur predomina el clima
mediterráneo, en el centro el ecuatorial y hay dos
grandes desiertos, el Sáhara y el Kalahari.

Oceanía
Es el continente más pequeño del planeta y está formado por
islas: Australia, Nueva Zelanda, Nueva Guinea y numerosos
archipiélagos coralinos y volcánicos diseminados por el Pacífico.
A pesar de su poca extensión, ofrece ejemplos de casi todos los
climas del mundo.

UN INTERIOR MUY CALIENTE

La fuente del calor interno de la Tierra se halla en el núcleo, donde las temperaturas son tan elevadas que los materiales se funden, formando el magma. Cuando hay alguna grieta u orificio en la corteza terrestre, ese magma fundido asciende y sale al exterior.

PLACAS DE SUBDUCCIÓN
La subducción, fenómeno por el que una de las placas que forma la corteza terrestre penetra bajo otra, crea enormes tensiones que dan lugar a los terremotos y también causa la fusión parcial de parte del manto terrestre, generando magma que asciende y da lugar a volcanes.

Las capas de la Tierra

La Tierra está formada por: núcleo interno (1), que tiene un espesor de 1.220 km, es sólido y está a una temperatura de 4.000-5.000 °C; núcleo externo (2), con un radio de 2.300 km, líquido y formado principalmente de hierro y níquel; manto inferior (3), con un espesor algo mayor de 2.200 km y sólido; manto superior (4), un medio plástico con una profundidad de 650-670 km; y, por último, corteza (5), que es sólida y alcanza profundidades de entre 7 y 70 km.

Tipos de lavas

La lava se clasifica en función de su viscosidad. Puede ser: de tipo AA o en bloque, si es muy viscosa y solidifica rápidamente; pahoehoe o cordada, cuando se extiende a grandes distancias y solidifica muy lentamente; y almohadillada, que se produce cuando la lava entra en contacto con el agua.

NUESTRA ATMÓSFERA

Nuestro planeta está envuelto por una capa gaseosa que se denomina atmósfera. Sin ella no sería posible la vida en la Tierra, ya que cumple dos misiones de importancia vital: evitar que el planeta se caliente o se enfríe demasiado y proteger a los seres vivos de los rayos nocivos del Sol. Los fenómenos meteorológicos que conforman el tiempo se producen en la capa inferior de la atmósfera.

¿POR QUÉ EL CIELO ES AZUL? »

El color del cielo se debe a tres factores: a la composición de la luz, a la atmósfera y a nuestra fisiología. Nuestros ojos poseen unos conos sensibles a solo tres colores: rojo, verde y azul. El resto de los colores excita varios tipos de conos a la vez o, lo que es lo mismo, podemos obtener el resto de los colores a partir de la combinación de esos tres. Y como nuestra vista es más sensible al color azul que al violeta, es este el color que observamos al contemplar el cielo.

¿POR QUÉ ARDEN LOS METEORITOS? ⬆

La mayoría de los meteoritos se acercan a la Tierra a una velocidad cercana a los 70.000 km/h y a esa velocidad impactan con la atmósfera terrestre. El resultado es que aumenta su temperatura hasta alcanzar miles de grados, debido al enorme rozamiento del choque, y en la mayoría de los casos los meteoritos se consumen antes de tocar el suelo.

« «LUCES DEL NORTE»

Extrañas formas luminosas y cambiantes, de vibrantes colores verdes, violetas, rojos y amarillos, a menudo hacen su aparición en el cielo nocturno polar y crean un sorprendente y mágico espectáculo. Se trata de las auroras polares. Se originan por el impacto de partículas atómicas cargadas, provenientes del Sol, contra las capas de la ionosfera a aproximadamente 100 km de altura.

La fábrica de las tormentas ≪ ≪

Nubes, lluvia, nieve, granizo, rayos, viento, tornados, trombas marinas, auroras polares, arcoíris, todos son fenómenos meteorológicos que se producen por alteraciones en nuestra atmósfera. El viento es el principal desencadenante de la mayoría de estos fenómenos, al producir cambios en la temperatura y la densidad del aire.

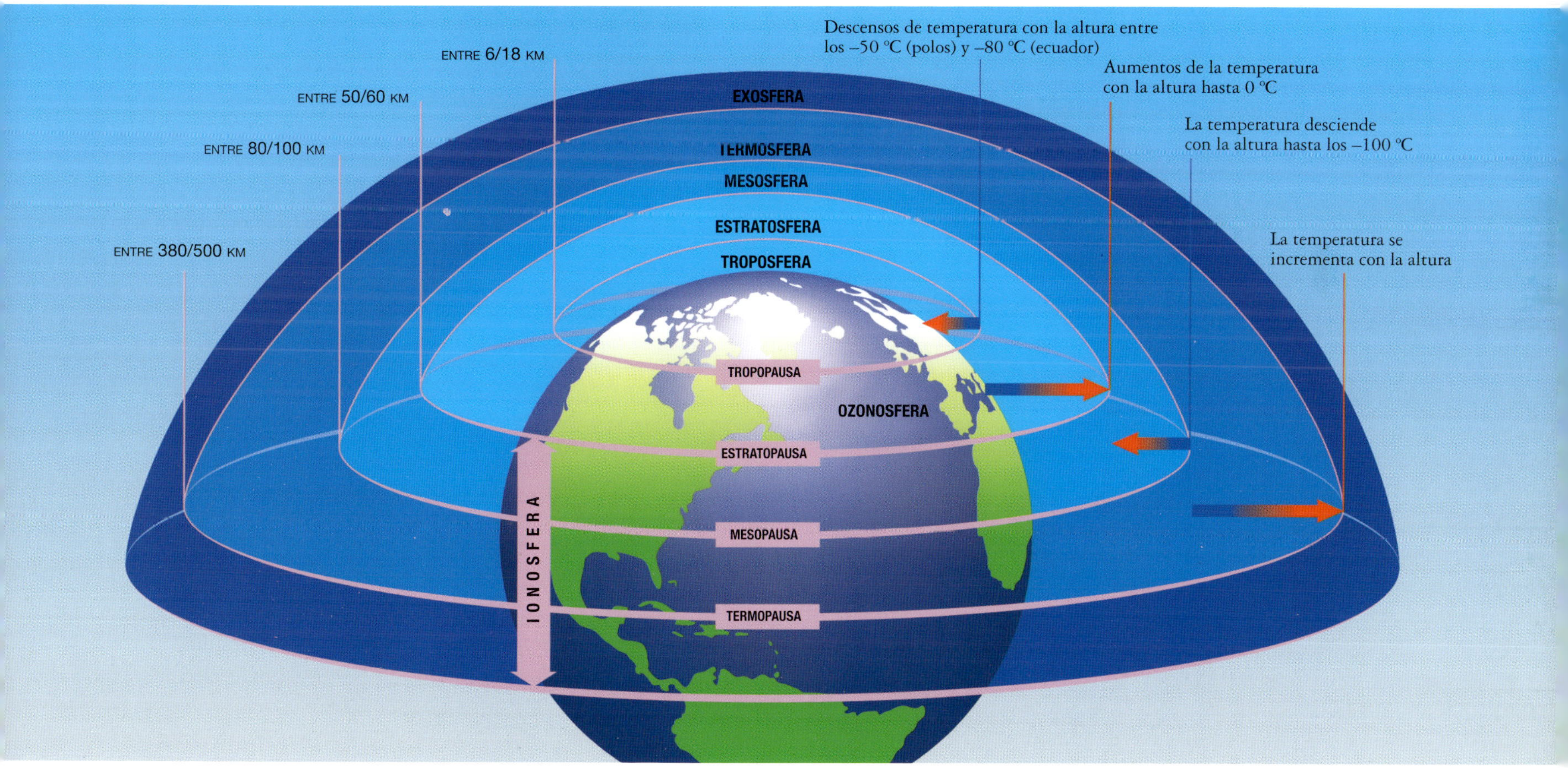

Más capas que una cebolla ≪

La atmósfera se divide en capas, cada una de ellas con características propias. La capa más cercana al suelo es la troposfera, que llega hasta los 10 km de altura y en la que se producen los fenómenos atmosféricos. A continuación está la estratosfera, que alcanza los 50 km y en la que hay una elevada concentración de ozono, que atrapa las radiaciones nocivas del Sol que impedirían la vida en la Tierra. Después, y hasta los 80 km de altura, se halla la mesosfera, que recibe las radiaciones de alta intensidad y por la que viajan los globos sonda. La termosfera se extiende hasta los 500 km de altura y es donde se producen las auroras polares. La capa más exterior es la exosfera, donde la temperatura puede variar entre los 2.500 °C y los -270 °C.

UN PLANETA MUY ORGANIZADO

En la Tierra, la materia se organiza en diferentes estados de agrupación u organización que siguen un orden creciente de menor a mayor complejidad. Tal como puede verse en la imagen, todo comienza con las partículas subatómicas que configuran el átomo y culmina en la biosfera, que es el conjunto de todos los seres vivos y la materia inerte que forma el planeta.

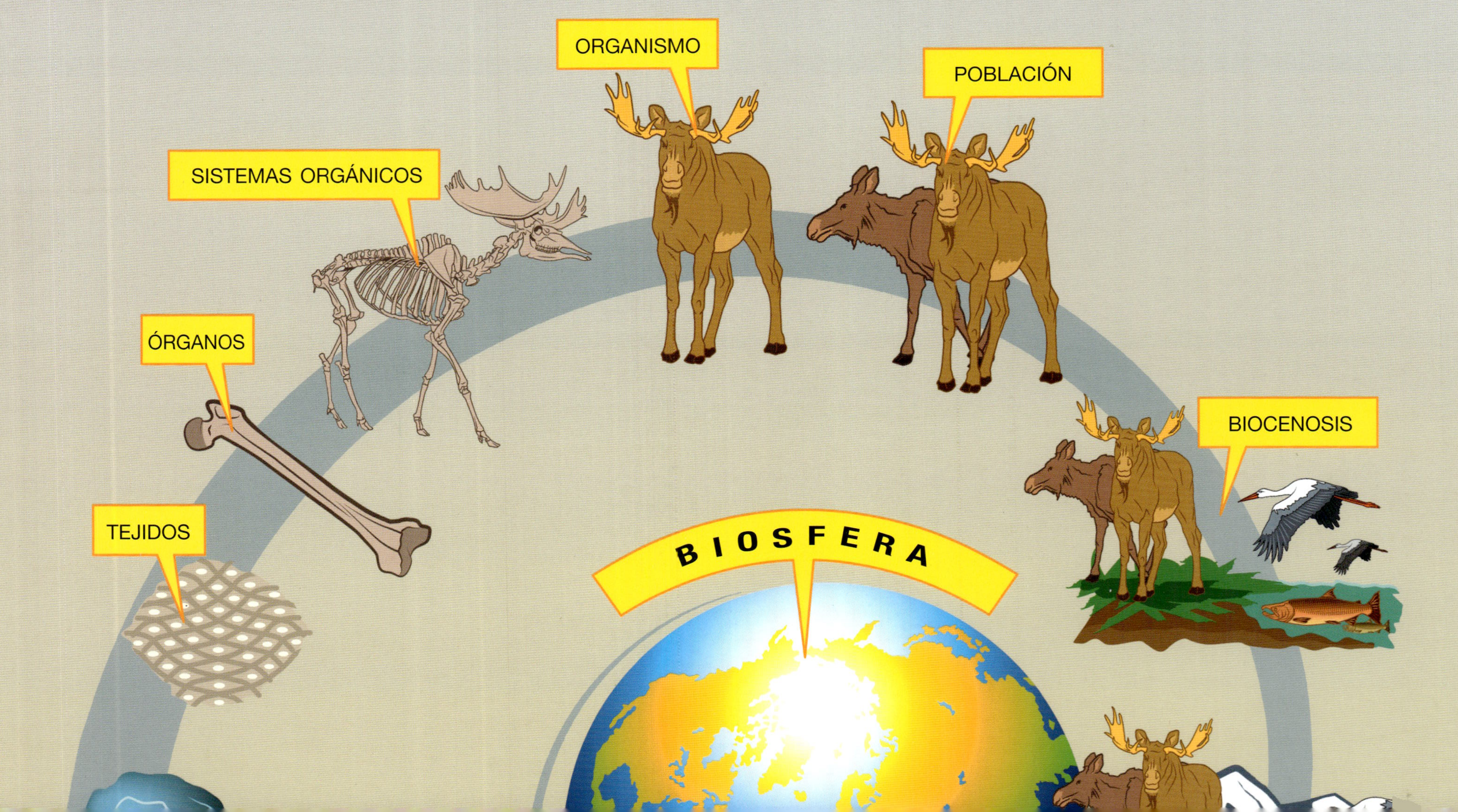

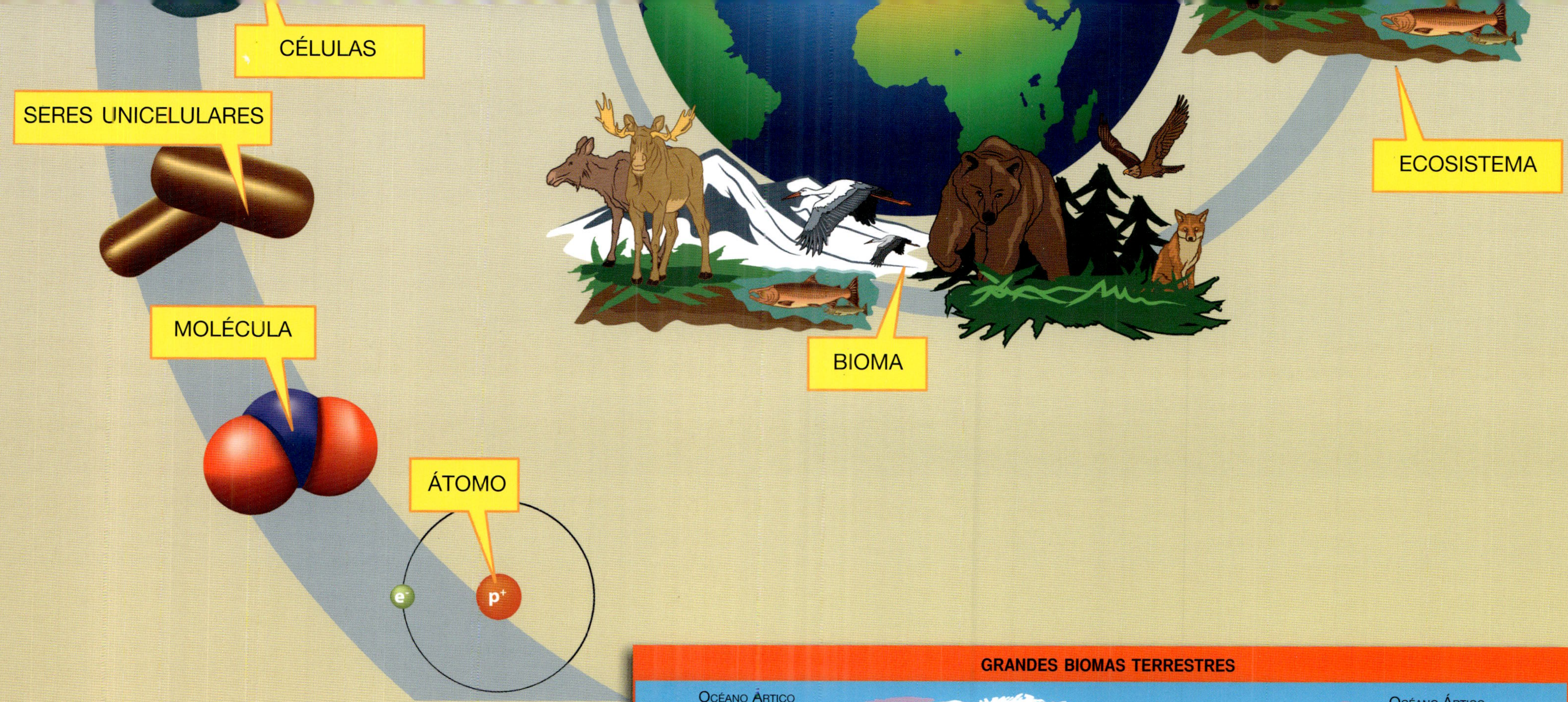

LOS GRANDES BIOMAS TERRESTRES

Un bioma es área geográfica grande con unas características climáticas muy determinadas, especialmente en lo que se refiere a temperatura y precipitaciones, habitado por un conjunto de especies animales y vegetales perfectamente adaptadas a las condiciones del entorno que ocupan. Hay biomas oceánicos, de aguas dulces y terrestres. Estos últimos se han representado en la imagen; en ella puede verse cómo un mismo bioma se sitúa en distintas zonas del planeta, ya que todas esas zonas comparten el mismo tipo de clima, de flora y fauna.

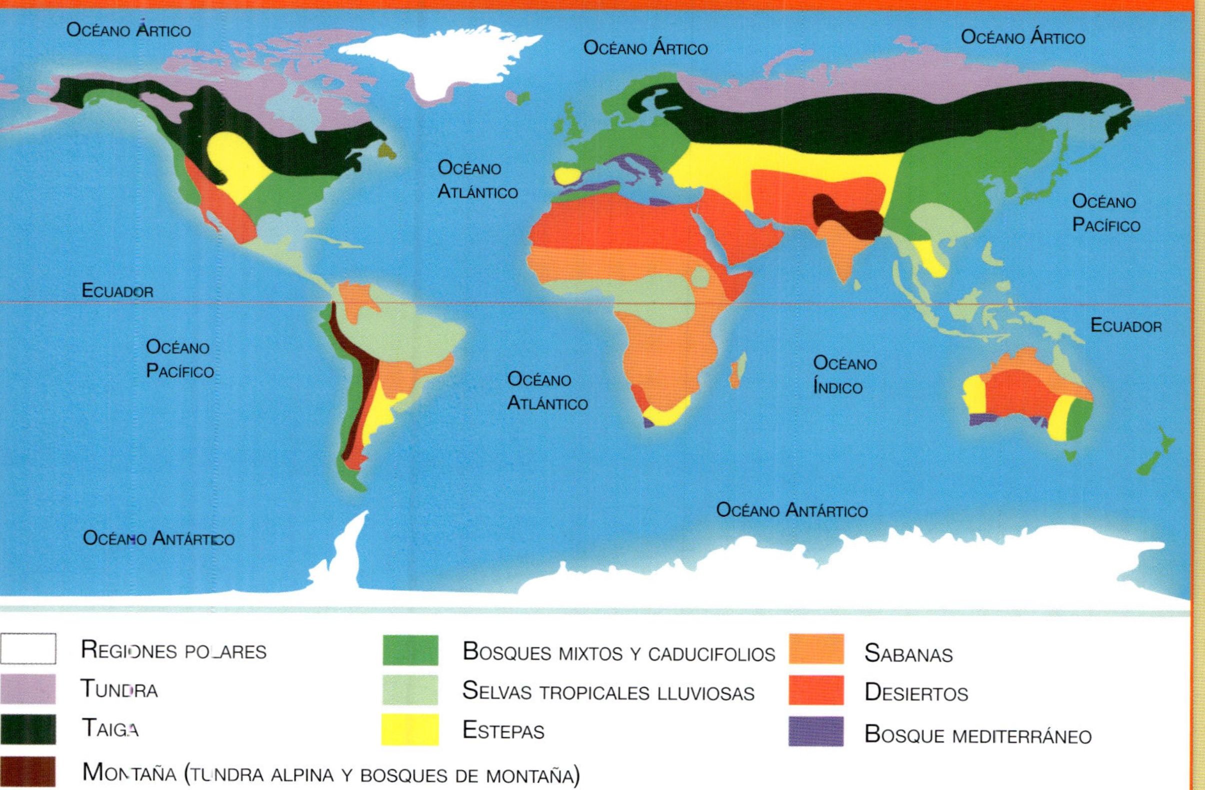

LA SABANA

Cuando nos hablan de África, inmediatamente pensamos en ese paisaje abierto y de árboles dispersos característico de la sabana, que es el hábitat natural de los llamados «cinco grandes» (elefante, león, leopardo, rinoceronte y búfalo) y el que concentra la mayor variedad de especies de mamíferos herbívoros, como antílopes, cebras y jirafas.

MATRIARCADO ⏫

En las manadas de leones son las hembras las que mantienen la cohesión del grupo; son ellas las que cazan la mayoría de las presas y las encargadas del cuidado de las crías.

VIGILANDO AL ENEMIGO ⏪

Los suricatas son presas apreciadas por muchos depredadores. Por eso, tienen que mantenerse en un constante estado de alerta y avisar al grupo si detectan la amenaza de algún peligro.

DONDE PONE EL OJO, PONE LA LENGUA ⏫

El camaleón orejero *(Chamaeleo dilepis)* vive en las sabanas y bosques húmedos de toda África subsahariana y África central, desde el este de Senegal hasta Somalia y Etiopía. Debe su nombre a que cuando se asusta o enfada despliega unos lóbulos que tiene sobre el cuello, como si fueran las orejas de un elefante, para parecer más grande. Para cazar, utiliza su larguísima lengua pegajosa, que mueve a la velocidad del rayo.

⏩ ADAPTACIÓN AL MEDIO

El larguísimo cuello de la jirafa es consecuencia de un proceso de adaptación al medio que permite al animal obtener su alimento donde ningún otro alcanza, de las ramas más altas de los árboles.

A LA BÚSQUEDA DE NUEVOS PASTOS ⏬

Cuando la estación seca llega a la sabana, rebaños de millones de herbívoros se ponen en movimiento para recorrer miles de kilómetros de distancia en busca de nuevos pastos. Algunos de los animales que inician el viaje morirán entre las fauces de los depredadores, pero la gran mayoría alcanzará su meta.

LA SELVA TROPICAL

Entre los trópicos, con su elevada humedad y una temperatura cálida y constante durante todo el año, se desarrolla el bioma que concentra la mayor diversidad de especies vegetales del mundo. Es la selva tropical, una masa verde e impenetrable formada por árboles gigantes de hasta 40-60 m de altura.

>> **DE VITAL IMPORTANCIA**
Las selvas tropicales desempeñan un papel muy importante en el ciclo del carbono y en el del agua, de ahí la enorme trascendencia que tiene la conservación de estas zonas para mantener el equilibrio climático del planeta.

UNA «CASA» CON MUCHOS PISOS
La enorme altura de los árboles que crecen en las selvas tropicales crea unas condiciones de iluminación, humedad, temperatura y densidad de follaje que van variando a medida que se desciende hasta el suelo. Por eso, cada animal y cada planta que vive en la selva ocupa el piso de vegetación que más le conviene a su modo de vida.

Y tú, ¿en qué piso vives?

El estrato más alto de la selva es el preferido por las aves rapaces. Allí la temperatura es muy alta y el viento y la lluvia azotan constantemente. En el estrato intermedio hace menos calor y no hay viento, pero sí más humedad; es el lugar preferido por monos, perezosos, tucanes, guacamayos y muchas otras especies más. En el estrato más bajo hay poca luz, mucha humedad y una temperatura alta y constante; es el hogar de jaguares, tapires y armadillos.

RIQUEZA EN PELIGRO

La selva contiene más especies animales y vegetales que el resto de los biomas juntos. Pero esa riqueza biológica desaparece si se talan los árboles, ya que el suelo es escaso y las fuertes lluvias tropicales lo erosionan rápidamente y lo convierten en un desierto.

DESIERTOS AMERICANOS

En el continente americano, los desiertos cálidos se sitúan en la zona oeste de América del Norte, a la altura del Trópico de Cáncer. Además, hay un desierto frío, el de Atacama, situado al norte de Chile y considerado el más seco del mundo. Los desiertos se caracterizan por la escasez de lluvias, que caen concentradas en periodos muy cortos de tiempo, seguidos de largas temporadas de sequía.

Un mundo en un cactus »

Las plantas más abundantes y características de estos desiertos son los saguaros, gigantescos cactus de hasta 15 m de altura y 75 cm de diámetro, con aspecto de columna ramificada en varios brazos. El cuerpo del cactus está surcado por «costillas» sobre las que crecen unas espinas muy gruesas. El aspecto de los saguaros cambia con las lluvias de mayo o junio, cubriéndose entonces de multitud de flores blancas.

Las misteriosas rocas deslizantes ⊗

En el valle de la Muerte (California) se produce un curioso fenómeno geológico: las rocas se mueven sobre una superficie llana, sin que las empuje ni hombre ni animal, y dejan en el suelo las trazas de su recorrido. A veces, varias piedras se mueven al mismo tiempo y viajan en paralelo hasta que alguna de ellas se desvía y toma otra dirección, continuando el avance o, incluso, retrocediendo. Aún se desconocen las causas científicas de estas misteriosas rocas deslizantes, aunque se sospecha que son movidas por los vendavales.

El que avisa no es traidor ⊗

Las serpientes crótalo llevan un «cascabel» en la parte final de la cola, que agitan si se acerca un posible enemigo; así intentan asustarlo con el sonido.

Lagarto de Gila ⊗

Es una de las dos especies de lagartos venenosos que existen. Como no tiene aparato para inocular el veneno en la presa, la muerde y la mantiene sujeta hasta que muere.

DE «PICNIC» EN EL CACTUS ⏴

El carpintero gila *(Melanerpes uropygialis)* es una de las muchas especies que se alimentan de los insectos que atraen las flores del saguaro.

ESTALLIDO DE COLOR ⏶

Cuando, después de larguísimos meses de sequía y de temperaturas extremas, la lluvia llega al desierto, las plantas florecen y producen semillas en un tiempo récord. Esas semillas son capaces de sobrevivir hasta las próximas lluvias para germinar.

DIBUJOS ANIMADOS ⏶ ⏵

El coyote y el correcaminos que conocemos de los dibujos animados también son animales reales que viven en zonas secas. Sin embargo, ni los coyotes persiguen a los correcaminos, ni estos gritan «bip-bip», aunque sí es cierto que son unos veloces y hábiles corredores.

EL LEÓN DEL DESIERTO ⏶

Por el color de su pelaje y su tamaño, el aspecto del puma podría recordar al de una leona. Este felino se adapta a vivir en multitud de hábitats, desde montañas a desiertos, selvas o zonas pantanosas. Es de hábitos nocturnos y caza a sus presas al rececho: se esconde entre los árboles o en zonas elevadas y, cuando ve una presa, se lanza sobre ella dando un potente salto.

DESIERTOS AFRICANOS

En el continente africano se sitúa el desierto cálido más extenso del planeta, el Sáhara, que cubre la mayor parte del norte de África y tiene una superficie semejante a la de China o Estados Unidos. También muy extenso es el desierto del Kalahari, que atraviesa varios países del sur del continente (Botsuana, Namibia y Sudáfrica). El desierto del Namib se extiende a lo largo de la costa de Namibia y el de Ogadén está situado entre Etiopía y Somalia.

DESIERTOS DE ARENA, DESIERTOS DE ROCAS »

Al escuchar la palabra desierto inmediatamente pensamos en una gran extensión de arena, pero no siempre es así. Dependiendo del desgaste erosivo que haya sufrido el suelo debido al viento y a la intensidad de las radiaciones solares, los desiertos pueden ser arenosos y con dunas o pedregosos o de rocas, también conocidos por su denominación árabe de «hamada».

WELWITSCHIA, UN FÓSIL VIVIENTE ⌃

Esta planta del desierto africano del Namib es una de las más singulares del planeta. Su perfecta adaptación al clima desértico, en un lugar donde las precipitaciones apenas alcanzan los 25 mm al año, la han llevado a desarrollar la capacidad de captar el agua de la niebla que llega desde la costa. Si ese dato resulta asombroso, más aún es que puede llegar a vivir... ¡mil años!

Pequeños oasis entre mares de dunas ⊗

A veces, dentro de los desiertos arenosos, hay zonas más o menos extensas en las que existe un manantial o una fuente de agua subterránea que permite el crecimiento de vegetación natural y el cultivo de especies hortícolas gracias a estratégicos sistemas de riego. Son los oasis. En la antigüedad tenían una importancia vital para el abastecimiento y el descanso de las caravanas que hacían las largas y duras travesías del desierto y en la actualidad son la base de la economía para las poblaciones asentadas en ellos.

⊗ ⊗ Estrategias frente al calor

Cuando el calor aprieta en el desierto, cada animal busca su forma de resistir las altas temperaturas de las horas centrales del día. Por ejemplo, la víbora cornuda del desierto *(Cerastes cerastes)* se entierra en la arena, mientras que la ardilla de El Cabo *(Xerus inauris)* se oculta dentro de una madriguera.

Gacelas en peligro ⊗

Uno de los mamíferos mejor adaptados a las duras condiciones del desierto del norte de África es la grácil y hermosa gacela común *(Gazella dorcas)*. Con todo, ni su belleza ni su capacidad de adaptación al medio le han servido para evitar la extinción en algunos de sus territorios. Gracias a la labor desarrollada en el Parque de Rescate de la Fauna Sahariana, en Almería, esta gacela ha podido reintroducirse de nuevo en el Sáhara, aunque su situación se considera todavía vulnerable.

BOSQUES TEMPLADOS

El bosque templado se desarrolla en una franja que se encuentra entre la zona árida o de bosques tropicales y la zona de los bosques de clima frío o la tundra. Por lo general se trata de zonas de temperaturas que oscilan entre los 3 y los 18 °C. En algunos casos, los inviernos pueden ser severos. Las precipitaciones suelen ser de moderadas a abundantes y distribuidas en forma más o menos homogénea durante todo el año.

LA PELIGROSA SETA DE LOS ENANITOS

Una seta tan conocida y atractiva como la falsa oronja *(Amanita muscaria)*, cuya imagen resulta habitual en los cuentos infantiles, es una bella trampa venenosa. Su ingestión raramente produce la muerte, pero sí vómitos, diarrea y un estado de delirio parecido a una borrachera.

ASOCIADO AL HOMBRE DESDE HACE SIGLOS

Las glaciaciones cuaternarias cubrieron de grandes mantos de hielo las tierras del norte de Eurasia. Sin embargo, más hacia el sur, los hielos dejaban paso a inmensos bosques templados de coníferas y caducifolios. Ese fue el paisaje que acompañó a los neandertales durante su expansión por Europa y Asia occidental.

Frutos de otoño ⏫

El otoño cubre el suelo de los bosques templados de castañas, nueces, hayucos, pacanas y otros muchos frutos secos que sirven de alimento a un sinfín de animales. La cúpula dura, y a veces espinosa, que protege estos frutos se abre cuando maduran.

Trepador azul ⏫

Como si fuera un consumado alpinista, el diminuto trepador azul (*Sitta europaea*) acostumbra a pasar la mayor parte del día gateando por los troncos de los árboles, desplazándose a saltos por la corteza en cualquier dirección, incluso cabeza abajo.

Ardillas ⏫

Este simpático roedor de pelaje rojizo es un habitante característico de los bosques templados y está adaptado para desplazarse por los árboles con sorprendente habilidad y rapidez.

Cuatro grandes en grave peligro

Los bosques templados se extienden por las zonas más habitadas del planeta, las que tienen y han tenido mayor desarrollo demográfico e industrial. Esa circunstancia ha originado la progresiva desaparición y degradación de esos bosques y, con ellos, la de las poblaciones animales que tienen allí su hábitat. En todos los continentes hay especies animales características de los bosques templados que se encuentran en grave peligro de extinción. Cuatro de las más amenazadas, aunque no las únicas, son el panda gigante, el bisonte europeo, el tigre de Bengala y el oso pardo.

Panda gigante

El principal peligro para la supervivencia del simpático panda gigante (*Ailuropoda melanoleuca*) es la destrucción de su hábitat natural, restringido a una reducida área de bosques de bambú en el sudoeste de China.

Bisonte europeo

Hubo un tiempo en que el bisonte europeo (*Bison bonasus*) era tan abundante que el hombre prehistórico nos legó su imagen en pinturas rupestres. Actualmente, las poblaciones que existen son reintroducidas y proceden de unos cuantos ejemplares que se conservaron en zoológicos.

Tigre de Bengala

Se calcula que en la actualidad solo quedan en libertad unos 3.200 tigres de Bengala (*Panthera tigris tigris*) y, a pesar de las campañas para su conservación, su situación empeora cada día debido a la caza ilegal y a la desaparición de su hábitat.

Oso pardo

Gracias a la creación de reservas y espacios protegidos, las poblaciones de oso pardo (*Ursus arctos*) se han estabilizado, aunque todavía continúa en peligro.

EL BOSQUE MEDITERRÁNEO

Es uno de los biomas más escasos y amenazados, que en la actualidad solo puede encontrarse en la cuenca del Mediterráneo, gran parte de California, la zona costera central de Chile, la región sudafricana de El Cabo y algunos tramos de las costas sur y sudoeste de Australia.

Las plantas tienen que resistir una gran sequedad, debido a las lluvias escasas e irregulares y a las elevadas temperatura en verano.

ÁRBOLES RESISTENTES A LA SEQUÍA ⊗

En el bosque mediterráneo predominan los árboles y arbustos de hoja perenne (no se cae en otoño) y con adaptaciones que les permitan soportar la sequedad, como son las hojas pequeñas, duras y de aspecto coriáceo, a veces cubiertas de pelitos.

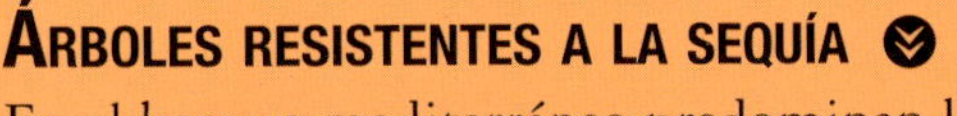

PARAÍSO DE LAS PLANTAS AROMÁTICAS ⊗

En este tipo de bosque, debajo de los árboles suelen crecer gran cantidad de plantas aromáticas, como romero, lavanda, tomillo, salvia o jara, que están perfectamente adaptadas a la sequedad.

CHAPARRAL Y *MALLEE* ⌃⌄

Las formaciones vegetales similares al bosque mediterráneo tienen nombres diferentes dependiendo de la región del mundo que se considere y del tipo de suelo sobre el que crezcan. Así, en California se conoce como chaparral (arriba) y en Australia se denomina *mallee* (abajo).

LA DEHESA, UN ECOSISTEMA ÚNICO

Una dehesa es un ecosistema derivado del bosque mediterráneo y producido por la intervención del hombre, que tala parte de los árboles y arbustos (encinas, alcornoques, melojos, quejigos) para «aclarar» el terreno y favorecer el desarrollo de pasto para alimentar al ganado. Esta actividad tradicional produce un sistema seminatural muy equilibrado que combina un gran valor ecológico, ya que favorece la abundancia y riqueza de especies de fauna, con el aprovechamiento económico para la obtención de bellotas, leña, corcho, carbón vegetal, pasto para el ganado y actividades de caza.

A LA CAZA DEL CONEJO

El conejo, muy abundante en el bosque y el matorral mediterráneos, tiene una gran importancia en la cadena alimentaria de ese bioma. Por una parte, aprovecha la hierba hasta de los lugares más degradados y favorece el crecimiento del pasto nuevo y, por otra, es la presa favorita de la mayoría de los carnívoros cazadores que habitan en esa formación vegetal, como grandes rapaces, lobos, zorros, linces, jabalíes o hurones.

LA TUNDRA Y LA TAIGA

En las zonas subpolares, donde el suelo permanece helado todo el año y las precipitaciones son muy escasas, se desarrolla la tundra, formada básicamente por musgos y líquenes. A medida que se avanza hacia el sur, la tundra da paso a la taiga, que son bosques de coníferas característicos de zonas con inviernos muy largos y fríos y veranos cortos con temperaturas que no superan los 19 °C.

TUNDRA: ADAPTARSE AL FRÍO Y LA NIEVE O MORIR

Los dominios de la tundra se extienden, en el hemisferio norte, por la franja marítima del norte de Rusia, el extremo norte de Escandinavia y el norte de Canadá, y en el hemisferio sur, por la Tierra de Fuego. En estas zonas no hay plantas leñosas grandes, ni siquiera plantas anuales, ya que las condiciones vitales son muy duras: la temperatura solo supera los 0 °C durante un mes al año y la disponibilidad de agua es escasa, ya que el nivel de precipitaciones es muy bajo y el agua no penetra en el suelo porque está helado, quedando retenida en las capas más superficiales. Hombres y animales se adaptan a estas duras condiciones y así los lapones visten prendas especiales que no dejan resquicio al frío, los búhos nivales cambian de plumaje para pasar inadvertidos en la nieve y los bueyes almizcleros desarrollan un grueso pelaje aislante.

Taiga: coníferas hasta donde alcanza la vista

La taiga se extiende casi sin interrupción por el norte de Europa, Asia y América, cubriendo el paisaje de inmensos bosques de pinos, abetos, piceas, tsugas y alerces, entre los que, de forma dispersa, se mezclan algunas especies de hoja caduca resistentes al frío, como sauces y abedules. También son frecuentes las plantas herbáceas perennes y los arbustos de raíces profundas, como el arándano. En la taiga son muy comunes los lagos, los pantanos y las turberas.

El «suicidio» de los lemmings

Existe el mito de que los lemmings se suicidan en masa arrojándose al mar como parte de un mecanismo de autorregulación de la naturaleza cuando hay sobrepoblación. Hace años, un documental titulado *White Wilderness*, ganador de un Óscar, contribuyó a crear dicho mito. Hay serias dudas de que lo ocurrido en dicho documental sea verídico, pues en la zona donde se rodó no hay lemmings. Se cree que fueron capturados en otra zona y luego liberados allí para observar su migración. En esas extrañas circunstancias, los lemmings se precipitaron por un acantilado. El único controlador reconocido de las poblaciones de lemmings es el zorro ártico.

REGIONES POLARES

En la Tierra hay dos zonas polares, conocidas como Polo Norte y Polo Sur según su situación geográfica. En ambos polos, las condiciones de vida son muy extremas, con temperaturas muy bajas durante todo el año —especialmente en el Polo Sur—, precipitaciones muy escasas, baja humedad y unas limitaciones muy particulares en cuanto a la luz, ya que durante la mitad del año el sol no se extingue por completo y es de día, y durante la otra mitad domina la oscuridad de la noche.

UN GIGANTE QUE SOLO COME «SOPA»

Las yubartas, unos rorcuales que habitan en todos los mares, se desplazan a las zonas polares en invierno para alimentarse. Capturan sus presas mediante ataques directos o aturdiéndolas al golpear el agua con sus aletas pectorales o caudales. Pese a su tamaño de más de 15 metros, se alimentan casi exclusivamente de krill, unos pequeños camarones de apenas 5 cm de longitud.

EL LARGO VIAJE DEL CHARRÁN ÁRTICO

El charrán ártico (*Sterna paradisaea*) viaja más de 70.000 kilómetros en su viaje de migración anual de polo a polo, el equivalente a tres viajes de ida y vuelta a la Luna durante toda su vida. Los investigadores utilizaron un pequeño instrumento de 1,4 gramos, denominado geolocalizador, para seguir la migración del animal.

POLO NORTE Y POLO SUR

Si se comparan ambos polos, enseguida se aprecia una clara diferencia entre ellos: mientras que el Polo Norte lo forma el océano más pequeño y septentrional del mundo, el Glacial Ártico, que permanece cubierto por una gran masa de hielo flotante durante la mayor parte del año, el Polo Sur corresponde con el extenso continente helado de la Antártida. En la imagen de la izquierda, el cabo Nordkinn (Noruega), el punto más septentrional del continente europeo. Abajo, la costa antártica en Bahía Paraíso, uno de los dos puertos naturales que utilizan los barcos para llegar al continente (el otro es puerto Neko).

Pingüino de penacho

Pingüino rey

Pingüino de Humboldt

Pingüino papúa

Pingüino emperador

PINGÜINOS: BUCEANDO A 30 KM/H

Los animales más característicos de la fauna del Polo Sur son
los pingüinos, unas aves que no vuelan y son muy torpes
en tierra, pero que en cuanto se sumergen en el agua se
transforman en magníficos y veloces nadadores y buceadores,
habilidades que les permiten escapar de osos y orcas.

FAUNA EN PELIGRO

Uno de los más grandes mamíferos del planeta vive en
el Polo Norte. Es el oso blanco o polar *(Ursus maritimus)*,
un coloso que se encuentra en grave peligro de extinción,
debido, en parte, al progresivo deshielo de los polos.

UNA CAZA DESPIADADA

Las focas no solo se enfrentan
a los peligros del cambio
climático. Cada año, en
marzo, el gobierno canadiense
autoriza la matanza de más de
80.000 focas en sus territorios.
Para no estropear su piel se
las mata a garrotazos y no se
distingue entre adultos y crías.

MARES LLENOS DE VIDA

A pesar de que los mares y océanos cubren aproximadamente el 70 % de la superficie de nuestro planeta, se estima que solo se ha investigado alrededor de un 5 % de esa extensión. Sin embargo, con los datos obtenidos se sabe que el medio marino posee una gran riqueza y diversidad biológica y que en él viven desde organismos microscópicos, como los integrantes del plancton, a otros que pueden llegar a pesar varias toneladas, como la ballena azul.

TIBURONES GIGANTES Y BALLENAS ASESINAS

Todos pensamos en los tiburones como animales muy peligrosos y en las ballenas como simpáticos e inofensivos gigantes. Sin embargo, en la naturaleza no todo es lo que parece. Por ejemplo, el tiburón ballena *(Rhincodon typus),* que es el pez más grande del mundo (unos 12 m de longitud), resulta totalmente inofensivo para el hombre porque solo se alimenta del plancton que captura filtrando el agua que entra en su boca. En el extremo contrario en cuanto a peligrosidad está la orca *(Orcinus orca),* considerada el más voraz depredador que existe en el mar.

ESPONJAS DE MAR

Las esponjas poseen un «esqueleto» de naturaleza córnea, calcárea o silícea, que es el que permanece tras someter al animal a un proceso de secado y tratamiento con lejía. Con este método se consigue eliminar la parte orgánica y solo queda esa esponja de baño que todos conocemos. Su uso para el aseo diario se remonta a Egipto y la antigua Grecia y se sabe que los romanos las ataban a un palo que hacía las veces de mango y las empleaban como un «papel higiénico» muy natural.

Son invertebrados con un cuerpo blando que generalmente va protegido por una concha calcárea que segregan ellos mismos. A este grupo pertenecen animales tan conocidos como almejas, mejillones, vieiras, ostras, bígaros, lapas, calamares y sepias.

No solo peces

Además de peces, en los mares y océanos viven otros muchos seres: algas microscópicas que forman parte del fitoplancton, algas pardas, verdes y rojas, plantas con flores, animales microscópicos que integran el zooplancton, foraminíferos, esponjas, cnidarios, ctenóforos, platelmintos, anélidos, equinodermos, crustáceos y hasta mamíferos. La mayor parte de estos organismos viven en las capas más superficiales e iluminadas de las aguas.

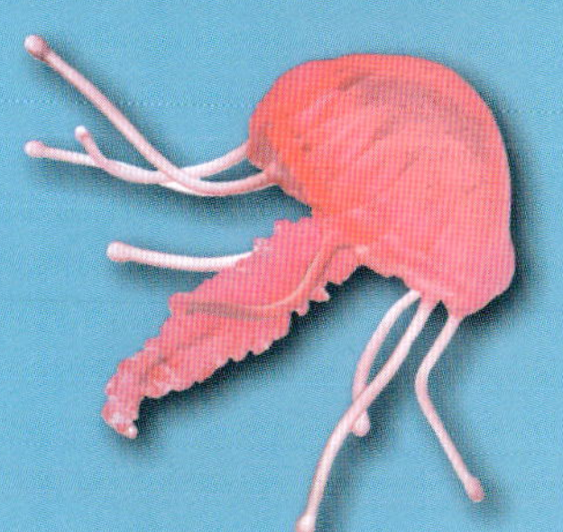

Cnidarios

Lo más característico de este grupo de animales acuáticos, generalmente marinos, es que se pueden presentar en dos formas biológicas distintas: una que permanece inmóvil en el fondo y se llama pólipo y otra que puede nadar libremente y se denomina medusa.

Cetáceos

Ballenas, delfines y marsopas pertenecen a un grupo de mamíferos adaptados para vivir en el agua, con el cuerpo en forma de huso y terminado en una aleta caudal horizontal; las extremidades anteriores se han transformadas en aletas.

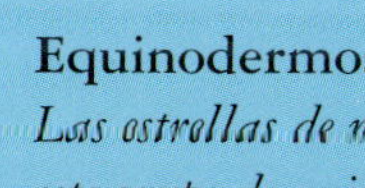

Equinodermos

Las estrellas de mar y los erizos pertenecen a este grupo de animales, que se caracterizan por tener un esqueleto externo de placas calcáreas que pueden articularse (estrellas) o trabarse para producir un caparazón rígido (erizos).

Arrecifes de coral ⊗

Se forman por la unión de miles de esqueletos calcáreos segregados por colonias de pólipos del grupo de los Cnidarios. Los arrecifes coralinos son uno de los hábitats marinos más bellos y atractivos y dan cobijo a multitud de especies de animales y plantas. El mayor arrecife del mundo es la Gran Barrera de coral australiana, con más de 2.500 km de longitud, tan grande que resulta visible desde el espacio.

ECOSISTEMAS DE AGUA DULCE

Incluyen los ríos, lagos, pantanos y estanques. En estos medios, los factores que condicionan la vida son: la temperatura del agua (hay variaciones pequeñas), la transparencia (los materiales en suspensión reducen la penetración de la luz), las corrientes (especialmente importantes en los ríos), la concentración de los gases producidos en la respiración (oxígeno y dióxido de carbono) y la concentración de sales en el agua.

VIVIR ENTRE DOS MUNDOS

Ranas y sapos pertenecen al grupo de los anfibios, que fueron los primeros vertebrados que colonizaron el medio terrestre, pero sin abandonar por completo el acuático. Por eso los adultos, aunque suelen llevar una vida terrestre, necesitan lugares húmedos. La relación con el agua es especialmente importante durante la puesta y el desarrollo de las larvas.

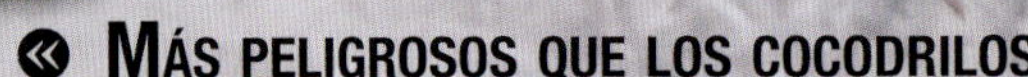

MÁS PELIGROSOS QUE LOS COCODRILOS

El hipopótamo (*Hippopotamus amphibius*) pasa la mayor parte del día sumergido en lagos y charcas, pero acude a tierra firme para alimentarse. Está considerado uno de los animales más peligrosos de África, pues tiene un comportamiento muy agresivo, atacando incluso a los cocodrilos con los que comparte charca o al hombre. Cada año mata a cerca de 3.000 personas.

Cangrejos europeos contra americanos

Las poblaciones de cangrejo de río europeo se hallan en declive, sobre todo después de que durante la segunda mitad del siglo XX se introdujesen en los ríos varias especies de cangrejos americanos. Estos, además de ser más agresivos que las especies autóctonas, portaban un hongo al que ellos eran inmunes, pero que mató a casi todas las poblaciones europeas.

Luchando contra la corriente

Todos los años, cuando llega el momento de la reproducción, los salmones emprenden un agotador viaje que les lleva desde el mar donde viven en estado adulto hasta las aguas del río en el que nacieron. Durante todo el ascenso por el curso del río los animales no se alimentan, consumiendo su propia musculatura. Tras ese enorme esfuerzo, mueren o son pasto de osos, águilas y otros animales, que encuentran en el salmón una fuente extra de proteínas con las que pasar el invierno.

Humedales en peligro

Uno de los ecosistemas más amenazados en todo el mundo es el de los humedales. La contaminación creciente por el uso de pesticidas, el agotamiento de los acuíferos, la desecación de los terrenos para aumentar las superficies de cultivo y la presión urbanística son algunas de las causas de su extinción. En la imagen, garcilla cangrejera *(Ardeola ralloides)*, una especie típica de los humedales.

UN PLANETA CON PROBLEMAS

La contaminación atmosférica, del agua y de los suelos, el agujero en la capa de ozono, el calentamiento global y el efecto invernadero, la deforestación, la desertificación y la acumulación de residuos urbanos e industriales son algunos de los problemas más graves y acuciantes a los que se enfrenta nuestro planeta, unos problemas a los que debemos dar solución porque constituyen una seria amenaza para nuestra vida.

¿SOMOS DEMASIADOS? »

Según los últimos estudios estadísticos, la población mundial actual se estima en más de 7.000 millones de habitantes, una cifra muy elevada si se tiene en cuenta que la única forma de conseguir alimentos para todos es cambiar los métodos de producción hacia un tipo de agricultura industrial, con mayor rendimiento que la tradicional, pero también más agresiva con el medio ambiente y de la que derivará un grave desgaste ecológico.

UN TIEMPO QUE SE AGOTA ⌄

Los problemas ecológicos que afectan a la Tierra son graves, pero aún estamos a tiempo de reaccionar. Para ello es muy importante que toda la población, y no solo los gobiernos, tome conciencia de que el planeta está enfermo y adopte las medidas que estén a su alcance para no empeorar la situación e incluso comenzar a reparar los daños. Habrá que cambiar hábitos y costumbres muy implantados en la sociedad, pero el esfuerzo merecerá la pena.

El aumento en la producción de basura puede llegar a provocar una degradación irreversible del medio ambiente. Para evitarlo, es imprescindible que todos pongamos en práctica la norma de las tres erres: reducir la cantidad de residuos, reutilizar los materiales dándoles otro uso antes de desecharlos y reciclar depositando cada residuo en el contenedor que le corresponda.

Calentamiento global

El cambio en el patrón climático mundial conduce a un calentamiento global del planeta, es decir, a un aumento de la temperatura del aire y del agua con gravísimas consecuencias para todos.

Exceso de residuos

La acumulación de residuos se ha convertido en uno de los mayores problemas a los que se enfrenta el planeta, un conflicto que está generando un gravísimo impacto económico y ambiental.

Contaminación del agua y el aire

Este tipo de contaminación derivada de las actividades humanas provoca serios problemas a nuestra salud, además de afectar gravemente a los ecosistemas y alterar los ciclos naturales del planeta.

Pérdida de la biodiversidad

La degradación y desaparición de hábitats debido al cambio climático, la contaminación, la sobreexplotación, la transformación en suelo cultivable o urbanizable y la introducción de especies no nativas (que acaban convirtiéndose en plagas) llevan aparejado un grave empobrecimiento en especies animales y vegetales.

Desertización

La erosión, la sequía y las lluvias torrenciales, unidas al sobrepastoreo, las malas prácticas agrícolas, la sobreexplotación de los acuíferos y las talas masivas, conducen a una degradación del suelo, que deja de ser productivo.

PROBLEMAS ACUCIANTES ⌃

Nuestro planeta está enfermo y requiere que rápidamente se ponga remedio a los graves problemas que le aquejan, no solo para que vivamos en un mundo más sano y limpio, sino también para que puedan hacerlo las generaciones futuras.

AYUDA A SALVAR LA TIERRA

Nuestro planeta es nuestra casa… y no tenemos otra. Todo lo que hagamos por él, en realidad, lo estamos haciendo por nosotros y por nuestro futuro. No hay que ser un «guerrero de Greenpeace» para salvar el planeta, pues bastan pequeños gestos en nuestro día a día para que la Tierra sea un lugar habitable y con futuro… nuestro futuro.

¿SON NECESARIAS TANTAS BOLSAS? «

Las bolsas de plástico ligeras suelen ser de un solo uso y permanecen en el medio ambiente durante cientos de años antes de descomponerse, causando gran peligro sobre todo para la fauna marina y las aves, pues las confunden con alimento y terminan bloqueando su sistema digestivo. Al menos en la Unión Europea estarán prohibidas totalmente a partir de 2018. Hasta entonces, ¿por qué no utilizar nuestra propia bolsa de tela?

DESDE NUESTRA PROPIA CASA 🕒

Para que todos los envases puedan ser reciclados deben estar bien separados desde casa. Saber qué color de contenedor corresponde a cada envase es muy sencillo:
—En el contenedor azul: envases de cartón y papel. Conviene compactar las cajas para que ocupen menos espacio.
—En el contenedor verde oscuro o marrón: restos orgánicos, como restos de fruta y verdura, de pescado, etc. En algunas ciudades se están instalando contenedores especiales para compostar estos restos y hacer abono.
—En el contenedor amarillo: envases ligeros, envases de plástico, bandejas de plástico y aluminio, envases de metal, latas y *briks*. No depositar ropa, papel, cartón, ni vidrio. Tampoco envases con restos de sustancias contaminantes, como pinturas, combustible, disolventes.
—En el contenedor verde claro: envases de vidrio, pero no bombillas, fluorescentes ni porcelana.

Cuida la naturaleza

Salir de acampada, hacer senderismo o salir a comer al monte con unos amigos está muy bien, pero a la vuelta todo debería seguir como cuando llegamos. Hay que tener especial cuidado con los fuegos. No hacerlos salvo en los lugares y épocas autorizados y apagarlos bien antes de marcharnos.

Ahorra energía

En casa podemos cambiar las bombillas incandescentes por bombillas de bajo consumo, utilizar bien los termostatos y apagar los electrodomésticos, como la televisión o el ordenador, cuando no se utilizan. Evita el modo *stand by,* pues consume entre un 5 % y un 10 % de la energía del aparato.

Cosas sencillas de hacer para salvar el planeta

Cuando se trata de responsabilidades es fácil no querer asumir las que nos tocan y preferimos dejar que recaigan sobre otros. Que la Tierra esté contaminada y cada día sea más inhóspita no es problema solo de las multinacionales, los países emergentes o del vecino poco ecológico. El salvar el planeta es un asunto de todos y de todos los días. No es una tarea fácil, pero debemos contribuir a ello e involucrar a los demás si queremos conservar nuestro hogar.

Ahorra agua

Mejor ducha que baño. Ahorras 7.000 litros al año. No dejes el grifo abierto mientras te lavas los dientes, te enjabonas o friegas los cacharros. Utiliza la lavadora y el lavavajillas solo cuando estén completamente llenos.

Produce menos desechos

Evita comprar productos que vengan demasiado embalados. Si se reduce en un 10 % la basura personal, se pueden reducir 540 kilos de dióxido de carbono al año. Son especialmente nocivos los envases de poliestireno.

Usa menos el coche y más la bici

Reduciendo el uso del automóvil en 15 kilómetros semanales se evita emitir 230 kilos de dióxido de carbono al año. El transporte público, la bicicleta o compartir el coche son buenas ideas.

Compra productos de temporada

Producir comida congelada consume 10 veces más energía. También es importante comprar alimentos producidos en el entorno, pues eso dinamiza la economía de la zona y se contamina menos al haber menos transporte.

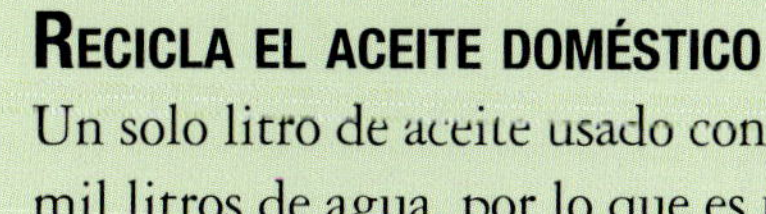

Recicla el aceite doméstico

Un solo litro de aceite usado contamina mil litros de agua, por lo que es uno de los productos más perjudiciales para el medio ambiente. Los puntos limpios de los ayuntamientos y la mayoría de los centro comerciales grandes ya recogen el aceite doméstico usado.

GLOSARIO

ADN (ácido desoxirribonucleico): es una larga molécula que contiene instrucciones genéticas usadas en el desarrollo y funcionamiento de todos los organismos vivos conocidos y algunos virus, y es responsable de su transmisión hereditaria.

Afloramiento: área en el mar donde las corrientes marinas fuerzan la subida de agua profunda oceánica hasta la zona iluminada.

Agujero en la capa de ozono: expresión de uso común para referirse al adelgazamiento de la capa de ozono (20-40 km de la superficie de la Tierra) presente en la estratosfera, debido a la acción de los gases CFC, entre otras sustancias.

Autótrofo: organismo capaz de sintetizar o elaborar su propia materia orgánica a partir de sustancias inorgánicas. Es el caso de las plantas con clorofila.

Carnívoro: organismo depredador que se alimenta de otros animales y forma parte del tercer nivel en adelante de la cadena trófica.

Carroñero: que se alimenta de organismos muertos por otros organismos o que murieron por causas naturales.

CFC: familia de gases que se emplean en múltiples aplicaciones, principalmente en la industria de la refrigeración y de propelentes de aerosoles. Al considerárselos responsables de la disminución de la capa de ozono han sido prohibidos en la mayoría de los países.

Contaminante: material, sustancia o energía que, al incorporarse y/o actuar sobre el ambiente, degrada su calidad original a niveles no propios para la salud y el bienestar humanos, poniendo en peligro los ecosistemas naturales.

Deforestación: proceso del deterioro ambiental que consiste en la destrucción y eliminación de vegetación en un área geográfica cualquiera. Reduce la biodiversidad, contribuye al cambio climático, al liberar el carbono de reserva a la atmósfera, y frecuentemente provoca una grave degradación del suelo.

Descomponedor: organismo heterótrofo (hongo o bacteria) que descompone, para alimentarse, los cuerpos de plantas y animales muertos. Estos organismos llevan a cabo la conversión de la materia orgánica en inorgánica (proceso de mineralización), que puede ser asimilable por organismos superiores autótrofos.

Ecosistema: conjunto formado por los seres vivos (biocenosis o comunidad), el ámbito territorial en el que viven (biotopo) y las relaciones que se establecen entre ellos, tanto bióticas (influencias que los organismos reciben de otros de su misma especie o de especies diferentes) como abióticas (factores fisicoquímicos, como la luminosidad, la temperatura, la humedad, etc.)

Herbívoro: organismo que se alimenta de vegetales; estos organismos forman el segundo nivel de la cadena trófica.

Krill: zooplancton formado por pequeños crustáceos parecidos al camarón que viven en aguas oceánicas frías. Es especialmente abundante en aguas que rodean la Antártida. El krill sirve de base alimentaria a la fauna de los vertebrados antárticos, tales como peces, pingüinos, focas y ballenas.

Nutriente: término genérico para cualquier sustancia que pueda utilizarse en los procesos metabólicos del organismo.

Omnívoro: animal que se alimenta indistintamente de vegetales y animales, o de sus productos.

Paleontología: estudio de las formas de vida antiguas, basado en los registros fósiles de animales y plantas.

Pangea: supercontinente que existió al final de la era Paleozoica y comienzos de la Mesozoica y que agrupaba la mayor parte de las tierras emergidas.

Plástico: material producido mediante polimerización de sustancias derivadas del petróleo. No se degrada fácilmente, ni por la acción de los microorganismos, y por lo tanto perdura por mucho tiempo y es responsable de una buena parte de la contaminación ambiental.

R.R.R: acrónimo de «reduce, reutiliza y recicla», tres reglas básicas para ayudar a conservar nuestro planeta que todos podemos llevar a cabo en mayor o menor medida.

Tala: corte de árboles de un bosque para actividad agrícola, ganadera o aprovechamiento de la madera.

Transgénico: organismo cuya constitución genética ha sido modificada por la introducción de material hereditario de otra especie por medio de la ingeniería genética.

Troposfera: capa más baja de la atmósfera. Contiene casi el 95 % de la masa de aire terrestre y llega hasta unos 17 km de altitud. En esta zona ocurren los grandes cambios climáticos.

Vegetación: tapiz vegetal de un país o de una región geográfica. La predominancia de formas biológicas tales como árboles, arbustos o hierbas, sin tomar en consideración su posición taxonómica, conduce a distinguir diferentes tipos de vegetación, como bosque, matorral y pradera.

Xerófila: planta y formaciones vegetales adaptadas a vivir con escasa humedad.

Xilófago: animal que se alimenta de madera.